AF253487

L'ACTE GÉNÉRAL

DE LA

CONFÉRENCE DE BRUXELLES

DEVANT LES CHAMBRES FRANÇAISES

RÉFLEXIONS D'UN HOMME POLITIQUE

Sur les objections des membres de la Commission parlementaire

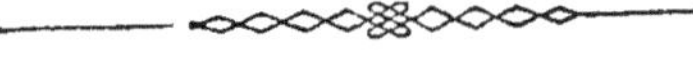

SAINT-CLOUD

IMPRIMERIE BELIN FRÈRES

RUE DU CALVAIRE, Nº 3

1891

L'ACTE GÉNÉRAL

DE LA

CONFÉRENCE DE BRUXELLES

DEVANT LES CHAMBRES FRANÇAISES

L'ACTE GÉNÉRAL

DE LA

CONFÉRENCE DE BRUXELLES

DEVANT LES CHAMBRES FRANÇAISES

RÉFLEXIONS D'UN HOMME POLITIQUE

Sur les objections des membres de la Commission parlementaire

SAINT-CLOUD

IMPRIMERIE BELIN FRÈRES

RUE DU CALVAIRE, N° 3

1891

L'ACTE GÉNÉRAL

DE LA

CONFÉRENCE DE BRUXELLES

DEVANT LES CHAMBRES FRANÇAISES

C'est le 2 mai, deux mois avant le terme extrême fixé pour l'échange des ratifications, que le Gouvernement a présenté à la Chambre des Députés le projet de loi approuvant l'Acte général de la Conférence de Bruxelles et les conventions qui s'y rattachent. La Commission parlementaire chargée de faire rapport délibère depuis plus d'un mois sans aboutir à des conclusions définies. Peu d'indications précises transpirent sur les débats qui ont lieu dans son sein. Ses membres, dit-on, se sont engagés au secret, non tellement toutefois que le sentiment qui semble prévaloir parmi eux ne soit arrivé au public. D'après les déclarations concordantes faites par plusieurs d'entre eux à la presse, ce sentiment serait franchement hostile et ne tendrait à rien moins qu'à proposer à la Chambre de surseoir à l'approbation du projet de loi. Le vote en serait subordonné à des conditions qui, ne comportant pas de réalisation immédiate, obligeraient le Gouvernement de la République à se dérober le 2 juillet prochain et à prendre à son tour devant l'Europe l'attitude adoptée naguère, on sait avec quel succès, par les Pays-Bas.

Cette proposition, si elle se produit réellement, serait vraiment étrange : il vaut la peine d'y réfléchir et d'examiner de près la situation qu'elle créerait. Que demande le Gouvernement à la Chambre? De voter l'Acte général, qui est, il ne sera guère difficile de le prouver, un succès pour la politique française, — la Déclaration du 2 juillet, qui, en autorisant l'établissement de droits d'entrée dans le bassin conventionnel du Congo, restitue à toutes les Puissances qui y ont des possessions la liberté de tarification déjà acquise aux Anglais et aux Allemands en vertu des réserves anciennes du sultan de Zanzibar, — enfin, le Protocole du 9 février, qui n'est qu'un mode d'exécution de la Déclaration du 2 juillet, d'après les conditions imposées par la France pour la fixation des tarifs. Est-ce cela qu'on attaque? Nullement, dit-on; on admet et l'Acte général et les droits d'entrée, c'est-à-dire les seules déterminations que la Chambre ait à sanctionner. On les admet; mais on organise en même temps une opposition à côté; on veut frapper latéralement le Gouvernement de l'Etat du Congo, faire annuler ou modifier le décret du 19 février 1891 qui fixe pour dix ans, à des taux réduits concertés avec l'administration française, les impôts intérieurs et les droits de sortie de cet Etat. Et c'est pour atteindre ce but masqué qu'on voudrait faire infliger un désaveu au Gouvernement de la République par la représentation nationale et mettre la France hors du concert européen sur une question d'humanité et de civilisation où sa place est plutôt au premier rang.

On a pris l'habitude de beaucoup pardonner en

politique : mais ceci ne serait pas pardonné. Remettons les choses à leur place : prenons garde qu'un intérêt particulier, un très mince intérêt, ne vienne ici se substituer à l'intérêt public, égarer les esprits et créer à la France une situation de tous points inadmissible.

Le Gouvernement du Congo a le droit incontestable d'établir tels impôts intérieurs, tels droits de sortie qu'il lui plaît. On entend revendiquer trop hautement en France ce droit, en ce moment même, pour le pouvoir refuser à autrui. L'Etat du Congo en use, à tort ou à raison, peu importe : c'est son affaire. Mais, comme la proposition d'établir des droits d'entrée pour créer les ressources nécessaires à l'exécution de l'Acte général de la Conférence de Bruxelles venait de lui, le Gouvernement français, encore qu'il dût bénéficier lui-même de la revision de l'Acte de Berlin, a cru devoir subordonner la fixation du tarif de ces droits à une réduction correspondante des impôts actuels dans l'Etat du Congo. A-t-il eu raison de formuler cette exigence? On peut discuter cela : mais il ne semble pas que ce soit le reproche que lui adresse la Commission. Au contraire, dirait-on; à son avis, il n'aurait pas exigé assez.

Le Ministre des Affaires étrangères et le Sous-Secrétaire d'Etat des Colonies se sont concertés sur ce point; ils ont voulu assurer les conditions les plus favorables aux intérêts français engagés dans le Congo belge. Une seule maison représente ces intérêts; son capital effectif ne paraît guère dépasser aujourd'hui un million et demi, et encore s'en faut-il que ce capital soit exclusivement français. Néanmoins, cette unique maison, qui dispose à peu près seule d'un territoire national grand comme la France, préfère travailler chez le voisin : elle a plaidé sa thèse avec vigueur et ténacité et finalement obtenu ce qu'elle voulait. Le 31 janvier 1891, M. Etienne écrivait ce qui suit à son collègue, M. Ribot : « Je crois utile d'attirer votre attention sur une lettre que les chefs d'une maison française établie au Congo m'ont adressée le 28 janvier. Comme vous le savez, avant d'entrer dans les vues du Gouvernement de l'Etat indépendant du Congo et d'accepter le principe d'une entente sur les bases qui nous étaient soumises, j'avais pris soin de consulter les négociants français intéressés, et *c'est après avoir reçu personnellement l'assurance que les dispositions projetées leur donnaient satisfaction* **dans une large mesure** que je vous ai fait part de mon adhésion aux dernières propositions du roi Léopold, ainsi qu'en fait foi ma lettre du 27 décembre dernier. Dans ces conditions, je ne m'explique pas les objections que M. Daumas élève aujourd'hui contre les termes de l'accord qui est à la veille d'être conclu, et je ne puis que m'en tenir aux termes de ma lettre précitée du 27 décembre. » (*Livre jaune*, 1891, page 140.)

C'est sur les bases ainsi convenues qu'a été signé le protocole du 9 février, et le cabinet de Lisbonne a été invité à s'y associer. Voilà trois États qui se mettent d'accord avec le consentement préalable de MM. Daumas et Cⁱᵉ. Et c'est parce qu'après coup cette même firme éprouverait le besoin d'élever de

nouvelles prétentions, d'échafauder de nouveaux
projets dans l'espoir de grossir le chiffre d'un dividende, — une misère de quatre-vingt à cent mille
francs peut-être, — c'est pour cela que l'action de trois
Gouvernements devrait être réputée non avenue, et
c'est la Chambre des Députés qui prendrait sur elle
de signifier cette décision et qui traiterait de la sorte
la signature de la France. Cela ne se peut pas, cela
ne s'imagine même pas.

Aussi, s'il faut s'en rapporter aux rumeurs qui cir-
culent, chercherait-on un biais. Ce n'est plus de
l'Etat Indépendant qu'il s'agit : ce sont les intérêts
du Congo français qui seraient gravement lésés par
les récents arrangements. Comment faut-il entendre
ce grief? Sont-ce les droits d'entrée qui constituent
un danger? Mais d'abord la libre entrée n'a jamais
été dans les vœux de la France qui a subi à Berlin
cette servitude malgré elle et n'a accepté l'article IV
de l'Acte général qu'à la condition que le maintien
n'en fût stipulé que pour vingt ans. Cette clause lui
a toujours paru peu compatible avec les nécessités
financières d'un établissement naissant. La métro-
pole a trop de charges pour pouvoir administrer des
colonies à titre gratuit; si l'on veut que celles-ci
prospèrent, que leurs ressources soient en rapport
avec leurs besoins, il faut respecter leur autonomie
et leur permettre de se suffire, au moins partielle-
ment, à elles-mêmes. Si le Congo français s'est rela-
tivement peu développé, il le doit en partie à cette
absence de recettes propres. Aussi le Gouvernement
de la République s'est-il empressé d'accueillir,
comme rationnelle et légitime, la proposition de re-

vision de l'article IV de l'Acte de Berlin, en revendiquant le principe de l'indépendance souveraine de chaque Etat dans le règlement de ses impôts.

Mais il ne s'agit pas de cela, objectera-t-on peut-être. La Commission parlementaire n'est pas hostile aux droits d'entrée dans les conditions prévues par le protocole du 9 février. — Soit, mais alors quels dangers peuvent donc faire naître, à ses yeux, dans les possessions françaises, les taxes qui seraient perçues dans le Congo belge? Est-ce la concurrence qui est en jeu? Au contraire, puisqu'il dépend du Gouvernement de la République de n'avoir ni impôt foncier, ni impôt personnel, ni même de taxes de sortie, alors que le territoire limitrophe de l'Etat porterait toutes ces charges. Quoi de plus favorable aux concurrents de la rive française comme de la rive portugaise?

Plus le système économique et fiscal adopté par l'Etat du Congo serait ruineux pour le commerce, plus ses voisins auraient lieu de s'en applaudir, puisqu'ils sont destinés fatalement à recueillir, en ce cas, le bénéfice de ses fautes. Refoulées de son territoire par l'excès des charges, les factoreries émigreraient dans les possessions de la France et du Portugal, où elles trouveraient, avec un régime plus libéral, les mêmes produits, dans des conditions analogues. La maison Daumas ferait comme les autres, et ses capitaux, au lieu de servir au développement d'un territoire étranger, mettraient en valeur celui d'un établissement national. Est-ce là le malheur qu'on redoute? L'ivoire, les gommes, les huiles ne sont pas moins abondants sur les rives de l'Ogoué, du Niari, de la Sangha et de l'Oubangui, que sur celles du Congo ou du Kassai, et l'on ne voit pas pourquoi le négoce français, au lieu de s'attacher aux pas des Cholet et des Crampel, devrait être rivé aux entreprises des explorateurs belges, et cela dans l'intérêt même du Congo français.

De quelque côté qu'on l'envisage, le raisonnement que font les membres de la Commission est incompréhensible. Les quinze cent mille francs de MM. Daumas et Cie les obsèdent au point d'égarer leur jugement; ils les empêchent de rien voir dans cette grave affaire, sinon cet infime intérêt privé. Ni l'Acte général, qui aborde et résout à la satisfaction du monde entier, au profit de millions de malheureux et conformément aux vues de la France, plusieurs des questions les plus hautes de la politique contemporaine; ni la Déclaration du 2 juillet, qui supprime une entrave nuisible au développement de toutes les possessions européennes comprises dans le bassin conventionnel du Congo; ni les intérêts économiques du Congo français, qui sont distincts de ceux du Congo belge et sous certains rapports même en opposition avec eux, rien de tout cela ne frappe ni ne préoccupe les membres de la Commission. C'est l'Etat Indépendant seul qui paraît l'unique objet de leurs soucis; c'est lui qu'ils entendent administrer, c'est son gouvernement qu'il leur importe de contrôler, de diriger; c'est sur son budget, ses finances, ses impôts, ses agents qu'ils ont l'œil ouvert, comme s'ils n'avaient pas d'autre mission à remplir que d'y attirer les capitaux nationaux et étrangers et d'en seconder au mieux le progrès, tandis que les vallées de l'Ogoué, du Niari, de la Sangha, végètent dans l'abandon et la stérilité et accusent leurs maîtres ou d'indifférence ou d'impuissance.

Comment expliquer, justifier une telle attitude? Ce n'est pas certes la raison qui la dicte : c'est l'effet plutôt d'on ne sait quelle prévention sourde et aveugle, nourrie d'animosités et de rancunes. C'est un écho de cette espèce de vendetta politique et commerciale qui sévit sur les rives du Congo depuis bien des années, qui y fausse toutes les situations et n'a pas peu contribué à faire avorter les plans les mieux conçus en faveur de la colonisation française. Et c'est pour maintenir et aggraver de si funestes errements que la France devrait laisser protester sa signature, se mettre en conflit avec les Puissances européennes, arrêter le puissant courant de pitié et de sympathie qui entraîne le monde au secours de la race noire.

Qu'on ne s'y trompe pas en effet : c'est bien là la portée et la conséquence de la détermination que conseillent certains membres de la Commission, avec l'assentiment tacite de tous les autres. Quand deux Gouvernements se trouvent en présence, comme naguère, par exemple, l'Angleterre et le Portugal, le rejet ou l'approbation conditionnelle d'un traité, bien que ce soit une résolution toujours grave et de nature à troubler les relations internationales, peut néanmoins se concevoir et n'entraîne pas forcément une rupture; on se trouve en tête-à-tête, et la négociation peut être rouverte sans se heurter à des difficultés inextricables. Mais il en est tout autrement quand il s'agit d'un Acte européen, signé par dix-sept Puissances, délibéré pendant de longs mois dans une Conférence, avec une attention extrême et des précautions minutieuses pour concilier et sauvegarder tous les intérêts, quand il s'agit d'un vaste système législatif formulé et coordonné en vue d'un intérêt supérieur et universel. On ne recommence pas une telle œuvre, on ne rouvre pas un tel débat, on ne renvoie pas un tel traité à tous les Gouvernements et Parlements qui l'ont sanctionné, sous prétexte qu'il faudrait abaisser de quelque pour cent encore certaine taxe de sortie, ou régler de plus près le régime de telle marchandise, ou faire valoir quelque grief administratif contre l'un des Etats contractants, d'ailleurs souverain en cette matière. Cela est de toute évidence. Si la Commission propose l'ajournement ou une approbation conditionnelle, si la Chambre la suit, c'est le rejet pur et simple de l'Acte général, car aucune Puissance ne saurait admettre que la France se fît de la ratification d'un traité, dont elle accepterait d'ailleurs toutes les clauses, une arme contre l'un des signataires dans le but de le réduire à sa merci.

De tels procédés n'ont pas cours dans la diplomatie. Ils ne serviraient guère le prestige de la République dans le monde. L'Acte total contre la traite a obtenu devant l'opinion française un succès avéré; les hommes compétents qui, dans tous les rangs de la société, s'y préoccupent de ce grand intérêt politique et social, y ont applaudi sans réserve. Le Gouvernement français y a pris une part considérable, et sur la plupart des questions fondamentales ses vues ont prévalu. Le régime des armes et des spiritueux répond entièrement à ses inten-

tions; tout au plus aurait-il pu souhaiter des conditions encore plus strictes, et sur ce terrain l'avenir
lui donnera probablement raison. Dès à présent, les
dispositions prises pour entraver de commun accord
l'importation des armes et des munitions sont d'une
importance capitale pour assurer le maintien de la
paix et développer la civilisation dans les possessions françaises du Sénégal et de la côte de
Guinée.

Le règlement de la difficile question du droit de
visite est un vrai succès pour la politique tradi-
tionnelle de la France en cette matière : il eût suffi
en d'autres temps pour faire acclamer le traité qui
l'aurait consacré. Plusieurs Puissances eussent voulu
instituer un pouvoir de direction et de contrôle, — en
vue de l'exécution de l'Acte général par les agents
diplomatiques et consulaires en Orient et en Afrique,
— par un Bureau international en Europe : le Gouvernement français a opposé le principe de l'indépendance souveraine de chaque Etat sur son territoire,
et la surveillance organisée par la Conférence a été
réduite aux limites qu'il avait marquées.

Des droits d'entrée que, dès 1884, la France n'avait
pas vu écarter sans regret, ont été admis d'accord
avec elle : mais les Puissances voulaient que le
montant en fût fixé par une Commission internatio-
nale. Le Gouvernement de la République a invoqué
derechef le principe de la souveraineté nationale, et
le tarif des droits a été fixé, en dehors des Puissances,
par un accord direct des parties intéressées. Tel est
l'objet du protocole du 9 février, qui applique à la
Déclaration du 2 juillet la procédure exigée par la

France et consacre ainsi un succès de plus de ses efforts.

Ainsi du commencement à la fin, la voix de la France a été écoutée, ses vœux ont été satisfaits, les traditions de sa politique respectées. Tous les sacrifices ont été consentis pour s'assurer son concours ; ils l'ont été par des Puissances qui avaient en fait de lutte contre la traite un passé comme celui de l'Angleterre et sur le terrain colonial des intérêts assurément comparables à ceux représentés par la République. Et c'est quand tout cela a été fait sur le terrain diplomatique, quand, d'autre part, l'Afrique, sur une étendue grande comme l'Europe, continue d'être ensanglantée par la traite et le cannibalisme, décimée par le fétichisme, empoisonnée par l'alcool, c'est quand le remède est urgent, au moment où tous les hommes de cœur dans le monde entier se coalisent pour le réclamer immédiat et sérieux, que l'on viendrait conseiller à la Représentation nationale de tenir à l'Europe ce langage :

Rien ne presse ; l'Acte général et la répression de la traite peuvent attendre. Il est bien plus important de vinculer le roi des Belges et de mettre l'Etat du Congo sous tutelle. Il existe une maison de commerce qui n'est pas satisfaite ; il faut que ses achats d'ivoire et de gomme soient d'abord assurés ! » Jadis de sots enthousiastes s'écriaient : Périssent les colonies plutôt qu'un principe ! On est revenu de là ; la génération contemporaine a d'autres soucis : Périssent l'humanité et la signature de la France plutôt que de compromettre un dividende, de faire taire une rancune !

L'alternative qui se pose est celle-là. Le problème

contient ces deux éléments et n'en contient pas d'autres. C'est entre ces deux partis que la conscience de la France est appelée à se prononcer. Il ne faut pas que personne puisse se méprendre sur les conséquences politiques du vote qui va être émis, ni sur la responsabilité morale qu'il implique.

SAINT-CLOUD. — IMPRIMERIE BELIN FRERES